AF313428

VENTE

du Samedi 7 Novembre 1903

HOTEL DROUOT, SALLE N° 9

A 2 HEURES

EXPOSITION PUBLIQUE

Le Vendredi 6 Novembre 1903

DE 1 HEURE 1/2 A 5 HEURES 1/2

TABLEAUX

Anciens et Modernes

PORTRAITS

AQUARELLES — DESSINS

Miniatures

M° Gustave **COULON**
Commissaire-Priseur
12, Rue de la Victoire, à Paris

M. Gaston **NEUMANS**
Expert
5o, rue Saint-Georges, à Paris

PARIS. — Imp. C. CHAUFOUR

8-10, rue Milton

CATALOGUE

DE

TABLEAUX

Anciens et Modernes

PORTRAITS

Aquarelles et Dessins

MINIATURES

par ou attribués à

BOTH, BREUGHEL, CANALETTO JORDAENS, LALLEMAND
LECLERC DES GOBELINS, MIEREVELT, RIGAUD
VAN GOYEN, BARON, BRASCASSAT, COROT, DELPY, DUPRÉ, FRÈRE
FRANÇAIS, GARRIDO, MAGNUS, MOLS
NOEL, ROQUEPLAN, RIBOT, SMITH-HALD, YON, ETC.

dont la vente aura lieu

HOTEL DROUOT, SALLE N° 9

Le Samedi 7 Novembre 1903

A 2 HEURES

Mᶜ Gustave COULON

COMMISSAIRE-PRISEUR

12, rue de la Victoire, 12

M. Gaston NEUMANS

EXPERT

50, rue Saint - Georges, 50

EXPOSITION PUBLIQUE

Le Vendredi 6 Novembre 1903, de 1 heure 1/2 à 5 heures 1|2

CONDITIONS DE LA VENTE

Elle sera faite au comptant.

Les acquéreurs paieront *dix pour cent* en sus des prix d'adjudication.

L'exposition mettant le public à même de se rendre compte de la nature et de l'état des tableaux, aucune réclamation ne sera admise une fois l'adjudication prononcée.

M. Gaston Neumans, expert recevra les commissions des personnes qui ne pourraient assister à la vente.

3860. — Imp. C. Chaufour, 8-10, rue Milton, Paris.

DÉSIGNATION

TABLEAUX ANCIENS

BAUDOUIN (D'après)

1 — Le Bal.

Cadre en bois sculpté.

2 — Les Amoureux.

BERCHEM (N. Ecole de)

3 — L'Abreuvoir.

BERGEN (Dirk van)

3 *bis* — Paysage.

BOILLY (Attribué à)

4 — Portrait de jeune femme.

BOTH (A. et J.)

5 — Paysage d'Italie.

BOTH (Attribué à)

6 — Paysage d'Italie.

BOUCHER (D'après)

7 — Jeune femme.

BRAUWER (Ecole de)

8 — L'Opération douloureuse.

BREUGHEL (Ambroise)

9 — Fleurs.

BREUGHEL (Jean)

10 — Paysage flamand.

BRUN (N. A.)

11 — La Bonne aventure.

CANALETTO

12 — Entrée du Grand Canal.

CANALETTO (Ecole de)

13 — Vue de Venise.

CARESME

14 — L'Ivresse de Silène.

CLAUDE LORRAIN (Ecole de)

15 — Marine.

Cadre en bois sculpté.

COYPEL (Noel)

16 — La toilette de Vénus.

DAVID (Attribué à)

17 — Portrait d'homme.

17 *bis* — Scène d'histoire.

DEMARNE

18 — Départ pour le marché.

Œuvre de jeunesse.

DEKKER (Corneille)

19 — Paysage hollandais.

DROLLING (M.-M.)

20 — Portrait de femme.

DROOGSLOOT (C.)

21 — Réunion de villageois.

DU JARDIN (Ecole de Karel)

21 *bis* — Paysage.

DUSART (Corneille)

22 — La Marchande.

DUSART (Ecole de C.)

23 — Intérieur flamand.

FRAGONARD (Alexandre)

24 — Portrait de son père.

FRAGONARD (Attribué à H.)

25 — L'Aurore.

GREUZE (Genre de)

26 — Tête de jeune fille.

GRIFF (Attribué à)

27 — Trophée de chasse.

HOREMANS (Jean)

28 — Intérieur hollandais.

JORDAENS (Attribué à Jacques)

29 — Le Joueur de trompe.

LALLEMAND

30 — Le Menuet.

LANCRET (D'après)

31 — Sujet galant.

Cadre en bois sculpté.

LE BARBIER (Attribué à)

32 — Le Poète couronné par les muses.

LECLERC DES GOBELINS

33 — Scène galante.

MAES (D'après Nicolas)

34 — Portait de fillette en costume rouge.

MIEREVELT (Attribué à)

35 — Portrait présumé du prince Guillaume d'Orange.

MIGNARD (Ecole de P.)

36 — Deux portraits de femme.
Formant pendants.

MIGNARD (École de P.)

37 — Portrait de femme.

PATENIER

38 — La Vierge à l'Enfant Jésus.

PHILIPPE DE CHAMPAIGNE (Attribué à)

39 — La Mort d'Adonis.

POELENBURG (Attribué à)

39 *bis* — Diane au bain.

PIERRE (J. B. M.)

40 — La Belle jardinière.

RIGAUD (Attribué à HYACINTHE)

41 — Portrait présumé du Grand Dauphin.

Cadre en bois sculpté.
Provient de la Collection Mme LELONG.

VAN DEN EECKHOUD (GERBRAND)

42 — Portrait de Vieillard.

VAN DER NEER AART (Attribué à)

42 bis — Effet de nuit.

VAN LOO (Genre de)

43 — Portrait de femme.

Cadre en bois sculpté

VAN GOYEN (École de J.)

44 — Bords de Rivière en Hollande.

VERNET (Attribué à JOSEPH)

45 — Le Naufrage.

WATTEAU DE LILLE (Attr. à LOUIS JOSEPH)

46 — Fête dans le Parc.

Cadre en bois sculpté.

ZORG(H.-M. Rokes, dit)

47 — Buveurs.

ÉCOLE FLAMANDE

48 — Ruines.

49 — Deux Paysages, ruines.

Formant pendants.

50 — Cavaliers.

ÉCOLE FLAMANDE

51 — Nature Morte.

52 — Bacchus.

ECOLE FRANÇAISE XVIIe SIÈCLE

52 bis — Sujet allégorique.

ÉCOLE FRANÇAISE DU XVIIIe SIÈCLE

53 — Trumeau.

54 — Portrait de femme.

ÉCOLE FRANÇAISE DU XVIIe SIÈCLE

55 — Portrait d'Ecclésiastique.

ÉCOLE FRANÇAISE DU XVIIIᵉ SIÈCLE

56 — Deux portraits.

57 — Personnages dans une grotte.

58 — Deux portraits.

ÉCOLE HOLLANDAISE DU XVIIᵉ SIÈCLE

59 — Paysage, vue de Hollande.

60 — Intérieur Hollandais.

   Deux tableaux formant pendants.

61 — Marines.

   Deux tableaux formant pendants.

61 *bis* — Le Passage du gué.

62 — Portrait de femme à collerette.

TABLEAUX MODERNES

BARON (Attribué à)

63 — Le Repos dans la forêt.

64 — Mère et enfant.
   Etude.

BARILLOT (L.)

65 — Paysage.

BRASCASSAT

66 — Le Taureau.

BRUNEL-NEUVILLE

67 — Chats.
   Deux tableaux formant pendants.

BRUANDET (Lazare)

68 — Le Moulin à eau.

CAILLOU (L.)

69 — Hiver.

CERAMANO

70 — Le Troupeau de moutons.

COROT (Attribué à)

71 — Paysage.
Etude.

72 — Paysage.
Etude.

73 — Paysage.
Etude.

COURBET (Gustave)

74 — Femme dormant.

COUTURE (Thomas)

75 — Portrait de jeune femme.

DAUBIGNY (Attribué à)

76 — Bords de rivière.

DELPY (H. C.)

77 — L'Hiver.

78 — L'Été.

DEVERIA (Attribué à)

79 — La Demande en mariage.

DIAZ (Attribué à N.)

80 — Bohémiennes.

DUPRÉ (Jules Attribué à)

81 — Le Berger.

DUVERGER

82 — Le Grand père.

83 — Jeune fille aux pigeons.

84 — Enfant à sa toilette.

DUVIEU

85 — Marine.

FORTIER

86 — Rentrée du troupeau.

FRÈRE (Théodore)

87 — Le Campement.

FRANÇAIS

88 — L'Offrande à Vénus.

FRANÇAIS (Attribué à)

89 — Forêt de Fontainebleau.

GARRIDO (E.-L.)

90 — Jeune femme lisant.

GUILLAUMET (Attribué à)

91 — Une rue d'Alger.

JACQUE (Genre de)

92 — Bergerie.

LAMY (Attribué à)

93 — Fête à Venise.

LECOMTE (Paul)

94 — Paysage.

LEPOITTEVIN (Attribué à)

95 — Pêcheurs normands.

MANINI

96 — Cardinaux et moines.

MAGNUS (Camille, élève de Diaz)

97 — Lisière de forêt.

MASSON

98 — Déesse.

MOLS (Robert)

99 — Fleurs.

NOEL (Jules)

100 — Pêcheurs au large.

PECRUS (C.)

101 — Lavandières a Deauville.

PERRET

102 — Paysage. (Bords de l'Oise.)

PETITJEAN

103 — Le Déjeuner à la campagne.

POMEY (Louis)

104 — Jeune fille turque.

RADINSKY

105 — Étude d'arbre.

ROQUEPLAN (Camille)

106 — La Nourrice.

107 — Laveuses.

RIBOT (Théodule)

108 — Moine.
  Etude.

SMITH HALD

109 — Le Soleil de minuit.

WINTERHALTER (Attribué à)

110 — Portrait de jeune fille.

YON (Edmond)

111 — Paysage.

ÉCOLE FRANÇAISE (1830)

112 — Sujet galant.

ÉCOLE FRANÇAISE

113 — Entrée de village.

114 — La Chaumière.

115 — Jeune femme.

AQUARELLES, DESSINS

MINIATURES

DUVERGER

116 — Enfants jouant.
   Aquarelle.

JOLY

117 — Portrait de jeune fille.
   Pastel.

118 — La Dame au manchon.

Gouache.

119 — La Répétition de musique.

Miniature.

120 — La Princesse Potocka.

Miniature.

121 — La Duchesse de Berry.

Miniature.

122 — L'Escarpolette.

Gouache.

MILLET (Genre de)

123 — La Lessiveuse.

Pastel.

NOEL

124 — Marine.

Gouache.

ÉCOLE ANGLAISE

125 — Portraits d'homme et de femme.

Deux aquarelles formant pendants.

ECOLE FRANÇAISE

126 — Portrait de femme.

Pastel.

127 — Deux dessins.

128 — Portrait d'homme.

Pastel.

129 — Les Murs du Temple de Salomon.

Eau-forte.

Epreuve avant la lettre.

130 — Sous ce numéro seront vendus les tableaux omis au catalogue.